QUESTIONNAIRE

SUR LES

LOIS MILITAIRES FRANÇAISES

PAR

J. DE LA NEUVILLE

Capitaine adjudant-major de cavalerie territoriale, délégué cantonal.

VERSAILLES

CERF ET FILS, IMPRIMEURS, RUE DUPLESSIS, 59

1879

Ce petit livre répond à quelques questions que j'entends souvent faire autour de moi. Il n'a d'autre prétention que de mettre la loi à la portée de ceux qui n'ont ni temps ni textes pour l'étudier.

Je le dédie aux jeunes gens de nos campagnes, travailleurs modestes qui sont, quand il le faut, les défenseurs de la France.

Pontchartrain, Septembre 1879.

QUESTIONNAIRE

SUR LES

LOIS MILITAIRES FRANÇAISES

I.

Préliminaires.

Quelle est la base du système militaire français ?

— C'est le service personnel et obligatoire. (Loi du 27 juillet 1872.)

Y a-t-il des exceptions à la règle générale ?

— Les infirmités ou le défaut de taille sont une cause d'exemption.

Certaines circonstances de famille ou d'état occasionnent des *dispenses*.

Certaines condamnations judiciaires sont une cause d'exclusion.

Quelle est la durée du service ?

— 20 ans : 5 ans dans l'armée active, 4 ans dans la première réserve, 5 ans dans l'armée territoriale, 6 ans dans la deuxième réserve.

A quel âge commence l'obligation du service ?

— Dans l'année qui suit celle où l'on a vingt ans révolus. C'est par cette année-là que l'on désigne sa classe. Exemple : je suis né en 1858, j'ai 20 ans en 1878. Je tire au sort en 1879, je suis de la classe 1879.

Quelles sont les opérations préliminaires de l'appel des classes ?

— Il y en a trois :
1º L'établissement des tableaux de recensement ;
2º Le tirage au sort ;
3º Les opérations du conseil de révision.

II.

Tableaux de recensement et tirage au sort.

En quoi consiste le recensement ?

— C'est l'établissement, dans chaque commune, de la liste annuelle des jeunes gens qui ont 20 ans révolus. Cette liste établie par les soins du maire, est publiée et affichée devant la mairie au mois de janvier.

En quoi consiste le tirage au sort ?

— A l'époque fixée par un décret du chef de l'Etat et par un arrêté du préfet, les maires amènent au chef-lieu de canton les jeunes gens qui doivent tirer. Le sous-préfet préside à l'opération. Les maires lui présentent leurs tableaux de recensement, sur lesquels sont mentionnées les demandes d'exemptions ou de dispenses. Les jeunes gens intéressés fournissent, à l'appel de leur nom, les pièces qui peuvent servir à appuyer ces demandes.
On procède ensuite au tirage.

Pourquoi y a-t-il un tirage au sort, puisque tout le monde doit servir ?

— Voici pourquoi : L'ensemble des jeunes gens appelés pour toute la France s'appelle contingent. Ce contingent est divisé en deux portions ; dans la première, on sert pendant cinq ans dans l'armée active, et dans la deuxième portion, pendant un an seulement. (Art. 40.)

Comment est déterminée cette deuxième portion ?

— C'est précisément le sort qui désigne ceux qui ne doivent rester qu'un an sous les drapeaux. Ils sont pris par ordre de numéros en commençant par le plus élevé sur la liste du contingent cantonal, et dans une proportion déterminée chaque année par le ministre. (Art. 40.)

Tous les jeunes soldats de cette deuxième portion ne servent-ils qu'un an ?

—Ceux qui, après leur année de service, ne savent pas lire et écrire, et ne satisfont pas aux examens déterminés par le ministre, peuvent être maintenus au corps pendant une deuxième année. (Art. 41.)

A quel service sont affectés les jeunes gens qui ont tiré les numéros les plus bas ?

— Au service de l'infanterie de marine, dans une proportion déterminée par le Ministre de la Guerre.

Quelle est la durée de service de ces hommes ?

— 5 ans de service actif, 2 ans dans la réserve et le reste dans l'armée territoriale.

III.

Conseil de révision.

En quoi consistent les opérations du conseil de révision ?

— Les jeunes gens reçoivent, au moins 8 jours d'avance et à domicile des ordres individuels de convocation établis par les préfets. Ils connaissent ainsi les lieu, jour et heure de réunion du Conseil de révision.

De qui est composé le Conseil de révision ?

— Du Préfet, président.

D'un conseiller de préfecture.

D'un conseiller général ⎫ Autres que les conseil-
D'un conseiller d'arrondis- ⎬ lers élus dans les cantons
sement ⎭ où la révision a lieu

D'un officier général ou supérieur.

D'un membre de l'intendance.

Du commandant de recrutement.

D'un médecin civil ou militaire.

Le Conseil de révision se transporte dans les différents cantons.

Les maires font-ils partie du Conseil ?

— Ils n'en font pas partie, mais doivent y assister. On leur demande des renseignements au sujet des jeunes gens, de leurs infirmités réelles ou simulées, sur les motifs d'absence des jeunes gens appelés. Ceux qui n'ont pas, pour des motifs sérieux, pu produire les pièces à l'appui des demandes de dispenses, peuvent obtenir, par l'entremise des maires, les délais nécessaires. Mais ces délais ne peuvent pas dépasser de 20 jours la date fixée pour la clôture des opérations du Conseil de révision.

Qu'arrive-t-il pour les jeunes gens qui ne se présentent pas ?

— Il est statué à leur égard comme s'ils étaient présents.

Les décisions des Conseils de révision sont-elles définitives ?

— Elles ne peuvent être attaquées que devant le Conseil d'Etat.

Comment se terminent les opérations du Conseil de révision ?

— Par l'établissement d'une liste appelée liste du recrutement cantonal, comprenant tous les hommes d'un même canton, ayant concouru au même tirage, et n'ayant pas été exemptés.

Comment est divisée cette liste ?

— En cinq parties :

1° Par ordre de numéros de tirage, tous les jeunes gens déclarés propres au service actif, et qui sont dans les conditions ordinaires ;

2° Ceux qui sont dispensés du service dans l'armée active et qui seront énumérés plus loin (art. 17) ;

3° Les jeunes gens déjà liés au service, les inscrits maritimes et les dispensés conditionnels dont il sera parlé plus loin ;

4° Les jeunes gens dispensés du service dans l'armée active, mais reconnus aptes à l'un des services auxiliaires de l'armée (bureaux, administration, etc.) ;

5° Les ajournés, c'est-à-dire les jeunes gens qui, au moment des opérations du Conseil, n'ont pas le minimum de 1 m. 54 ou sont reconnus trop faibles pour un service armé et sont renvoyés pour ce fait à l'année suivante, pour être de nouveau examinés par le Conseil de révision.

IV,

Les ajournés et les exemptés.

Les ajournés sont-ils soumis à quelques obligations militaires ?

— A aucune, jusqu'à ce que le Conseil de révision se soit prononcé définitivement sur leur aptitude physique. Ils peuvent ainsi subir deux examens consécutifs et ne sont décidément exemptés ou classés dans les services auxiliaires, que si après la deuxième année, ils sont déclarés impropres au service actif.

L'ajourné peut-il procurer la dispense à un frère ?

— L'ajourné ne le peut que s'il vient à être reconnu

apte au service armé et si, par son numéro, il appartient à la première portion du contingent. Le frère est alors renvoyé dans ses foyers par mesure administrative, jusqu'à l'époque de son passage dans la réserve.

Quels sont les cas d'exemption ?

— La loi n'accorde d'exemption que pour les cas d'infirmités rendant absolument impropre au service actif ou auxiliaire.

Dans les cas de défaut de taille ou de faiblesse de constitution, nous venons de voir qu'on peut être tenu de se présenter deux années de suite au Conseil de révision.

Qu'arrive-t-il en cas de blessure ou mutilation volontaire ?

— Celui qui s'en est rendu coupable est puni d'un emprisonnement d'un mois à un an, et mis à la disposition du ministre pour tout le temps que doit la classe dont il fait partie.

Il en est de même si l'acte a eu lieu entre la clôture du contingent cantonal et l'appel à l'activité.

V.

Dispenses et sursis d'appel.

Combien la loi reconnaît-elle de sortes de dispenses ?

— Il y en a trois catégories :
1° Dispenses du service *actif en temps de paix.*
2° Dispenses *en tout temps,* à *titre conditionnel.*
3° Dispenses à *titre provisoire.*

Quels sont les dispensés de la première catégorie ?

— Sont dispensés du service actif *en temps de paix* (Art. 17.) :

A. Le frère aîné d'orphelins du père et de mère.

B. Le fils unique, ou l'aîné des fils, ou (à défaut de fils

ou de gendre marié ou veuf avec enfants) le petit-fils unique ou l'aîné des petits-fils d'une femme actuellement veuve, ou d'une femme dont le mari a été légalement déclaré absent, ou d'un père aveugle ou entré dans sa 70e année.

Dans les deux cas A et B, le frère puîné jouit de la dispense, si le frère aîné est aveugle ou atteint de tout autre infirmité incurable qui le rend impotent.

C. Le plus âgé de deux frères appelés à faire partie du même tirage, si le plus jeune est reconnu propre au service ; la loi autorise la substitution, c'est-à-dire, l'échange des numéros de tirage entre deux frères se trouvant dans ces conditions.

D. Celui dont un frère est dans l'armée active.

E. Celui, dont un frère est mort en activité de service, ou bien a été réformé ou admis à la retraite pour blessures reçues dans un service commandé ou pour infirmités contractées dans les armées de terre ou de mer.

Dans les deux cas D et E, la dispense ne peut être accordée qu'à un seul frère pour le même cas.

Quels sont les dispensés de la deuxième catégorie ?

— Sont dispensés du service militaire *en tout temps, à titre conditionnel.*

A. Les membres de l'instruction publique qui s'engagent à se vouer pendant dix ans à la carrière de l'enseignement, à la condition que cet engagement décennal soit accepté par le recteur de l'Académie *avant le tirage au sort ;* et si cet engagement est accompli dans un établissement ecclésiastique ou laïque, à la condition que cet établissement existe depuis plus de deux ans, ou renferme au moins 30 élèves.

B. Les professeurs des institutions nationales des sourds-muets, ou des jeunes aveugles, sous les mêmes conditions.

C. Les grands prix de l'institut.

D. Les élèves pensionnaires de l'Ecole des Langues

orientales vivantes, ou de l'Ecole des Chartes, nommés après examens, à la condition de passer dix ans, tant dans lesdites écoles que dans un service public.

E. Les élèves ecclésiastiques désignés par les évêques et archevêques, ou les jeunes gens qui étudient pour se vouer au ministère dans un culte salarié par l'Etat, à la condition d'avoir, à 26 ans, les ordres majeurs pour les premiers, ou la consécration pour les seconds.

Qu'arrive-t-il si les dispensés ne se trouvent plus dans les cas précités ?

— Ils doivent en faire la déclaration au maire, dans les deux mois. Ils sont rétablis dans la première classe appelée après cessation de leurs services ou de leurs études. Le temps qui s'écoule entre cette cessation et leur déclaration ne compte pas pour le temps de service exigé par la loi.

Quels sont les dispensés de la troisième catégorie?

— Sont dispensés du service actif *à titre provisoire :*
Les jeunes gens désignés par les Conseils municipaux comme *soutien indispensable* de famille. La liste en est présentée au Conseil de révision par le maire.

Est-ce le Conseil de révision seul qui donne ces dispenses provisoires?

— Elles sont données par les Conseils de révision, assistés de deux membres supplémentaires, qui sont des conseillers généraux.

Le nombre en est-il illimité?

— Il ne peut dépasser 4 pour 100 de celui des jeunes gens reconnus propres au service.

Quand cessent-elles d'avoir leur effet ?

— Les dispenses provisoires cessent pour tout homme qui ne remplit plus ses devoirs de soutien de famille. A cet effet, les maires présentent chaque année un rapport au Sous-Préfet sur la situation de ces dispensés.

Qu'arrive-t-il dans le cas de révocation?

—Celui qui est l'objet de cette mesure de rigueur suit le sort de la portion de classe à laquelle il appartient.

Quelles sont les obligations communes aux dispensés des première et troisième catégories?

— Ils sont appelés en temps de guerre, et sont astreints en temps de paix à certains exercices fixés par un règlement du Ministre de la Guerre.

Ne peut-on pas aussi obtenir des sursis d'appel?

— Les jeunes gens de la première partie des listes de recrutement cantonal peuvent obtenir des *sursis d'appel* dans les mêmes proportions que les dispensés à titre provisoire. Ils doivent en faire la demande avant le tirage et en justifier la nécessité par suite d'un apprentissage d'études ou des besoins d'une exploitation agricole, industrielle ou commerciale pour leur compte ou celui de leurs parents. Ce sursis d'appel peut être accordé pour un an et renouvelé une deuxième année. A son expiration, on fait le temps de service complet de son numéro de tirage.

VI.

Départ de la classe.

Sur quel ordre les jeunes soldats sont-ils versés dans l'armée?

— Par un décret du chef de l'Etat.

Comment se fait la répartition du contingent?

— Le Ministre désigne les corps dans lesquels les jeunes soldats doivent être incorporés. Le sous-intendant militaire fait la répartition proportionnelle pour chaque canton et établit un ordre de route pour chacun des jeunes soldats compris dans sa répartition.

Comment les jeunes soldats connaissent-ils cet ordre de route ?

— Notification leur en est faite par l'intermédiaire de la Préfecture et à la diligence des autorités locales.

Où et comment se fait la convocation ?

— Le jour fixé par le général de brigade, tous les jeunes soldats sont convoqués au chef-lieu du département. Le général, assisté du sous-intendant, du commandant de recrutement et d'un officier de santé, les passe en revue et détermine définitivement le corps dans lequel chacun de ces jeunes soldats devra servir, le sous-intendant les constitue en détachements et les dirige sur les corps désignés.

Peut-il y avoir des sursis de départ ?

— Le général peut en accorder mais qui ne dépassent pas 30 jours.

Que fait alors le recrutement ?

Le commandant de recrutement établit pour chacun un contrôle signalétique indiquant l'état civil du militaire et le titre sous lequel il est appelé. Ces contrôles sont envoyés aux présidents des conseils d'administration des régiments et on y inscrit la date du départ des jeunes soldats. Arrivés au corps ils sont passés en revue par le colonel et immatriculés.

Qu'arrive-t-il à ceux qui au moment de la mise en route sont jugés impropres au service ?

— Ils sont renvoyés par le général devant une commission spéciale à l'effet de statuer sur leur mise en route ou sur leur réforme.

VII.

Engagements volontaires.

Peut-on s'engager pour une prime quelconque?

— Il n'y a dans les troupes françaises ni prime en argent, ni prix quelconque d'engagement.

Que faut-il pour contracter un engagement volontaire?

— Etre Français ou naturalisé Français. Avoir 16 ans révolus pour l'armée de mer, ou 18 ans pour l'armée de terre, et 1 m. 54 au minimum.

Savoir lire et écrire.

Jouir de ses droits civils.

N'être ni marié, ni veuf avec enfants.

Etre porteur d'un certificat de bonnes vie et mœurs, délivré par le maire du dernier domicile, et si ce dernier domicile est de moins d'une année, un autre certificat des maires des domiciles antérieurs.

Le certificat doit contenir le signalement du jeune homme, mentionner la durée du temps pendant lequel il a été domicilié dans la commune et attester qu'il jouit de ses droits civils et qu'il n'a jamais été condamné à une peine correctionnelle pour vol, escroquerie, abus de confiance ou attentat aux mœurs.

Si l'engagé a moins de 20 ans, il doit justifier du consentement de ses père, mère ou tuteur (ce dernier autorisé du conseil de famille).

Quelle est la durée de l'engagement volontaire?

— 5 ans. Cependant, en temps de guerre, tout Français peut s'engager pour la durée de la guerre, pourvu qu'il ait accompli le temps de service prescrit.

Quelles sont les formalités à remplir?

Les engagements volontaires sont contractés en présence de deux témoins et dans les formes exigées pour les actes de l'état civil (Code civil 34-44) devant les maires des chefs-lieux de canton.

Les chefs de corps, commandants de recrutement, officiers de gendarmerie, assistés d'officiers de santé, sont chargés, sous leur responsabilité personnelle, de reconnaître et constater préalablement l'aptitude au service militaire de celui qui désire s'engager.

VIII.

Engagements conditionnels ou volontaires d'un an.

Qu'entend-on par engagement conditionnel d'un an?

— C'est la faculté laissée à des jeunes gens remplissant certaines conditions de contracter avant le tirage au sort et pour un an seulement, un engagement qui les dispense du service actif une fois leur année accomplie.

Quelles sont les conditions requises. (Art. 53.)?

— Sont admis à contracter cet engagement les jeunes gens qui ont obtenu les diplômes de bacheliers ès-lettres ou ès-sciences, de fin d'études ou des brevets de capacité institués par les articles 4 et 6, loi du 21 juin 1865, les élèves de l'Ecole centrale des Arts et manufactures, des Ecoles nationales des Arts et métiers, des Ecoles nationales des Beaux-Arts, du Conservatoire de musique, des écoles nationales vétérinaires ou d'agriculture, élèves externes des Ecoles des mines, Ponts et Chaussées, Génie maritime, des Mineurs de Saint-Etienne.

N'y a-t-il que les jeunes gens de cette catégorie admis à l'engagement conditionnel ?

— On admet également ceux qui satisfont à un des examens exigés par les différents programmes préparés par le Ministre de la Guerre, et approuvés par décrets insérés au *Bulletin des Lois.*

Y a-t-il un nombre déterminé d'engagés conditionnels?

— Chaque année le Ministre fixe le nombre des engagés de la dernière catégorie dont il vient d'être parlé, proportionnellement au nombre de jeunes gens inscrits sur les tableaux de recrutement de l'année précédente.

Qu'arrive-t-il si les jeunes gens ne sont pas reconnus propres au service ?

— Ils sont ajournés jusqu'à ce qu'ils remplissent les conditions voulues.

Dans quelles conditions l'engagé volontaire entre-t-il dans l'armée.

, — Il est habillé, monté, équipé et entretenu à ses frais. Il paye à cet effet la somme de 1.500 francs. Cependant le Ministre peut exempter de tout ou partie des obligations, les jeunes gens qui ont donné dans leur examen des preuves de capacité ou justifient de leur impossibilité de subvenir aux frais de l'engagement.

A quelles conditions militaires est soumis l'engagé?

— Il est soumis à toutes les obligations de service imposées aux hommes présents sous les drapeaux. Il est astreint aux examens prescrits par le Ministre de la Guerre.

Pourquoi cet engagement est-il dit conditionnel?

— Parce que si, après un an de service, l'engagé volontaire ne satisfait pas aux examens, il est obligé de rester une deuxième année, et si après cette deuxième année ses examens sont encore insuffisants, il est déclaré déchu du privilège de l'engagement et suit le sort de la première portion du contingent dans sa classe. De même s'il a commis pendant son séjour à l'armée des fautes graves et répétées contre la discipline.

Qu'arrive-t-il en temps de guerre?

— L'engagé est maintenu sous les drapeaux.

Peut-il y avoir un sursis d'appel ?

— Dans l'année qui précède l'appel de leur classe, les jeunes gens compris dans l'article 53 qui n'auraient pas terminé leurs études, peuvent, tout en contractant leur engagement d'un an, obtenir un sursis qui peut être accordé jusqu'à l'âge de 24 ans accomplis.

Quelles dispositions a-t-on prises en faveur de ceux qui ont satisfait à tous les examens ?

— Ils peuvent obtenir des brevets de sous-officiers ou des commissions au moins équivalentes, qui leur donnent un emploi, soit dans l'armée active, soit dans la disponibilité, soit dans la réserve ou l'armée territoriale, ou dans les différents services auxquels leurs études les ont spécialement destinés.

X.

Rengagements.

Un militaire en activité de service peut-il se rengager ?

— Il peut être admis à se rengager pour deux ans au moins et cinq ans au plus, pourvu :

Qu'il soit dans sa dernière année de service dans l'armée active ;

Qu'il ait moins de 29 ans s'il est caporal, brigadier ou soldat, moins de 35 s'il est sous-officier ;

Qu'il ait une bonne conduite ;

Qu'il soit encore en état de faire un bon service.

Devant qui sont contractés les rengagements ?

— Devant les intendants et sous-intendants militaires.

Ainsi, en résumé, de quels éléments se composent les rangs de l'armée ?

— Des hommes incorporés par la voie de l'appel (les

2 portions du contingent), et de ceux pris en dehors de l'appel (engagés, rengagés, etc.)

Que deviennent les hommes qui sont en dehors de ces deux grandes catégories ?

— Ils forment dans l'armée active et la réserve diverses catégories qui se distinguent par la nature de leurs obligations militaires en temps de paix ou de guerre. Ce sont les disponibles, hommes dits à la disposition de l'autorité militaire, réservistes et non-disponibles.

X.

Disponibilité.

Qu'appelle-t-on disponibles ?

— Les hommes de la 2ᵉ portion du contingent, depuis le moment de leur renvoi dans leurs foyers jusqu'à leur passage dans la réserve avec les hommes de la 1ʳᵉ portion.

Qui appelle-t-on encore disponibles ?

— Les jeunes gens, objets de dispenses légales, aînés d'orphelins de père et mère, fils uniques ou aînés de fils, petits-fils uniques ou aînés de petits-fils de femme veuve ou de père aveugle ou septuagénaire, quand ces causes de dispenses légales ne sont survenues qu'après la décision du conseil de révision ou après leur incorporation.

Comment les intéressés font-ils constater leur situation ?

— A l'aide d'un certificat établi par trois pères de famille ayant leurs fils sous les drapeaux, approuvé par le maire et adressé au conseil d'administration, si le jeune homme est incorporé, au commandant de recrutement si le jeune homme est dans ses foyers.

Ces disponibles sont-ils soumis à des obligations militaires en temps de paix?

—Ils sont astreints à des revues et exercices dont la nature et la durée sont déterminés par le ministre.

Y a-t-il encore d'autres disponibles?

— 1° Engagés conditionnels après leur première ou leur deuxième année de service ;

2° Les élèves des écoles polytechnique et forestière, lesquels ont droit au brevet d'officier de réserve ou à une commission équivalente.

Les disponibles peuvent-ils se marier?

Ils le peuvent, mais restent toujours soumis aux obligations de service imposées aux classes auxquelles ils appartiennent, à moins qu'ils ne soient pères de quatre enfants vivants, auquel cas ils passent de droit dans l'armée territoriale.

XI.

Hommes à la disposition de l'autorité militaire.

Quels sont les hommes qui composent cette catégorie?

— 1° Jeunes soldats des classes depuis le 1er juillet de l'année du tirage au sort jusqu'à leur appel à l'activité (1re partie des listes du recrutement cantonal) ;

2° Jeunes gens dispensés par les conseils de révision (2° partie des listes du recrutement cantonal) ;

3° Jeunes gens dispensés provisoirement par les conseils de révision comme soutiens de famille (1re partie des listes) ;

4° Jeunes soldats auxquels les conseils de révision ont accordé des sursis d'appel (1re partie des listes) ;

5° Hommes maintenus ou renvoyés dans leurs foyers

par décisions ministérielles spéciales (1re partie des listes);

6° Engagés conditionnels et assimilés ayant obtenu des sursis d'appel;

7° Jeunes gens dispensés du service actif, mais reconnus propres à l'un des services auxiliaires de l'armée (3e partie des listes).

Quelles sont les obligations militaires de cette catégorie?

— Les hommes classés sous les nos 2, 3 et 4 sont astreints en temps de paix à des exercices militaires dont le ministre fixe les époques et la durée. Pour les autres (nos 1, 5, 6, 7), la loi n'a pas prévu d'exercices.

En cas de mobilisation, que deviennent ces hommes?

— Les nos 2, 3, 4 doivent avoir des ordres de route annexés à leurs livrets, leur faisant connaître que, dès qu'ils sont appelés par des *affiches spéciales*, ils doivent se rendre au bureau du recrutement de leur subdivision de région.

Les nos 1, 6, 7 doivent attendre des ordres d'appel individuels qui sont toujours préparés d'avance pour eux dans les bureaux de recrutement.

Quels sont les titres constatant la position de ces hommes?

— Les nos 2, 3, 4, 5 ont un livret individuel avec ordre de route, portant indication de l'arme, mais non du corps de troupes auquel ils sont affectés (infanterie, cavalerie, artillerie, etc).

Les no 6 ont entre les mains leur sursis de départ.

Les no 7 ont des certificats de classement dans les services auxiliaires.

XII.

Réservistes.

A quelle date se fait le passage de l'armée active à la réserve ?

— Le 30 juin, parce que la durée du service militaire compte du 1er juillet de l'année du tirage au sort.

Que se passe-t-il alors pour le réserviste nouveau ?

— Il reçoit par l'intermédiaire de la gendarmerie son livret individuel, comprenant un certificat *d'envoi dans la réserve* et un *ordre de route* qui porte les mêmes indications que pour les disponibles.

Quelles sont les obligations militaires des réservistes en temps de paix ?

— Ils sont assujettis à prendre part à deux manœuvres pendant leurs quatre ans de réserve. La durée de chacune ne peut dépasser quatre semaines.

Peuvent-ils se marier ?

— Ils le peuvent en restant soumis aux mêmes obligations. S'ils sont pères de 4 enfants vivants, ils passent de droit dans l'armée territoriale.

XIII.

Non disponibles.

Quels sont les non disponibles ?

— 1° Employés des 6 grandes compagnies de chemins

de fer et autres compagnies d'intérêt général ou local qui ont adhéré aux prescriptions ministérielles;

2º Employés des postes;

3º   —   des télégraphes;

4º Fonctionnaires ou agents du département de la marine et colonies, personnel des travaux dans les ports militaires, arsenaux et établissements de la marine, lesquels sont à la disposition du ministre de la marine;

5º Les employés indispensables des établissements de la guerre. C'est le général commandant le corps d'armée qui les classe dans la non disponibilité;

6º Les forestiers et douaniers;

7º Les sapeurs-pompiers des places fortes appartenant à l'armée territoriale;

8º Eclusiers-pontiers, maîtres et gardiens de phares.

Quelles sont les conditions de cette catégorie?

— Nᵒˢ 1, 2, 3, 6 forment des corps spéciaux.

Les autres, en temps de paix, sont dispensés de toute convocation et formalités pour changement de domicile ou pour déplacement. En cas de mobilisation ils restent à leur poste et y attendent les ordres. Mais ils sont soumis aux lois militaires.

Comment sont établis leurs titres?

— Ils reçoivent chacun un certificat d'inscription sur les contrôles de la non disponibilité en échange de leurs livrets individuels, qui restent dans les administrations ou établissements qui les emploient.

Que doivent faire ceux qui perdent leur situation?

— Dans un délai de quatre jours ils doivent remettre leurs certificats au commandant de la brigade de gendarmerie de la résidence, lequel le transmet immédiatement à l'officier de recrutement.

N'y a-t-il pas des non disponibles dans d'autres conditions?

2.

— Il y a certains employés dans les services publics qui sont *dispensés de rejoindre immédiatement* en cas de convocation par voie d'affiche et de publication sur la voie publique, exemple : les fonctionnaires de l'ordre judiciaire appartenant à l'armée territoriale, les commissaires de police appartenant à la même armée.

Quelles sont les conditions de mariage communes à ces catégories?

— Les disponibles, réservistes, non disponibles ont le droit de se marier sans autorisation, mais restent soumis aux mêmes obligations que leurs camarades appartenant à la même classe qu'eux.

Que doivent faire les non disponibles en cas de mobilisation?

— Ils doivent attendre à leur poste les ordres de l'autorité militaire.

XIV.

Registre matricule.

Dans quel endroit sont centralisés les écritures et renseignements nécessités par les lois sur le recrutement?

— Dans les bureaux de recrutement. Il y en a un dans chacune des 8 subdivisions des 18 corps d'armée, ce qui fait 144 pour la France, plus ceux de Digne, Lyon, Versailles, 5 pour le département de la Seine. — En Algérie il y en a un dans chacune des 3 provinces d'Alger, Oran, Constantine.

Que fait-on dans les bureaux de recrutement à la suite des opérations du conseil de révision?

— Il est dressé, dans chaque bureau, et à l'aide des listes du recrutement cantonal, un *registre matricule* sur lequel sont portés tous les jeunes gens qui n'ont pas été déclarés impropres à tout service militaire, ou qui n'ont pas été ajournés à un nouvel examen du conseil de révision.

Qu'est-ce qui est mentionné sur ce registre?

— Ce registre mentionne l'incorporation de chaque homme inscrit et ses positions successives.

Quels sont les principaux changements à mentionner?

— Dates de la mise en route, de l'arrivée au corps, du passage dans la disponibilité, dans la réserve, dans l'armée territoriale ou dans sa réserve, réforme, changements de domicile ou de résidence, déplacements pour voyage, décès,... etc. Il faut donc que le commandant du bureau soit instruit de toutes les mutations des hommes.

XV.

Changements de domicile et de résidence. Formalités à remplir.

Quelle différence y a-t-il entre le domicile et la résidence?

— Le domicile est le lieu où l'on est fixé d'une manière qui paraît définitive. La résidence est l'endroit que l'on habite actuellement, mais où l'on n'a pas son principal établissement.

Où est le domicile d'un mineur ?

— Chez ses père, mère ou tuteur.

D'un majeur qui travaille ou sert chez autrui ?

— Chez la personne au service de laquelle il se trouve.

Qu'appelle-t-on changement de domicile ?

— C'est l'abandon, *sans esprit de retour*, du lieu où l'on était primitivement fixé.

Que doit-on faire dans ce cas? (Art. 34 et 35, loi du 27 juillet 1872, art. 2, loi du 18 novembre 1875.)

— Il faut en faire la déclaration à la mairie du lieu que l'on quitte et à la mairie de celui où l'on veut se fixer. Cette déclaration est faite contre récépissé.

Il faut, en outre, faire viser par le commandant de la brigade de gendarmerie, au départ et à l'arrivée, le titre militaire dont on est détenteur, livret individuel, sursis de départ comme engagé conditionnel, certificat de classement dans les services auxiliaires.

Que faut-il faire si l'on fixe son domicile dans une localité où l'on a déjà sa résidence?

— Faire sa déclaration à la mairie du lieu d'arrivée et obtenir au même endroit le visa de la gendarmerie. Faire parvenir son livret individuel avec déclaration écrite au bureau de recrutement du nouveau domicile. Le commandant rend le livret et y joint un récépissé de la déclaration, faite par le maire de l'ancien domicile.

Qu'arrive-t-il en cas d'ancien ou de nouveau domicile à l'étranger?

— En cas de départ pour l'étranger, la déclaration de domicile à l'arrivée est faite à l'agent consulaire français. On reste sous les ordres du commandant du bureau de recrutement de l'ancien domicile. En cas de retour en France la déclaration de départ est faite à l'agent consulaire.

Que faire si l'on change de domicile en quittant le service?

— Faire déclaration, par l'intermédiaire du corps, au

maire de l'ancien domicile, et à l'arrivée faire déclaration à la mairie du nouveau domicile.

Qu'arrive-t-il si, en quittant son corps et en changeant de domicile, on ne reste pas dans la circonscription de réserve du corps?

— On reçoit une nouvelle affectation (ou destination) qui est indiquée sur le livret par le commandant du bureau de recrutement du nouveau domicile.

Qu'est-ce que le changement de résidence?

— C'est une absence plus ou moins prolongée du domicile ou d'une résidence avec esprit de retour au domicile qui reste le même.

Quelles sont les obligations à remplir dans ce cas?

— Il n'y en a pas au départ, mais il faut faire une déclaration verbale ou par écrit, dans le délai de deux mois, au commandant de la brigade de gendarmerie du nouveau lieu de résidence. La gendarmerie en donne récépissé sur le titre militaire dont on est détenteur.

Quelles modifications y a-t-il dans le cas de résidence à l'étranger?

— Les déclarations se font aux agents consulaires.

Ces formalités sont-elles obligatoires?

— Elles ne le sont pas si l'absence du domicile ou de la dernière résidence est moindre que deux mois. Elles le sont dans le cas contraire.

Que doit-on faire si on part en voyage pour au moins deux mois?

— Mêmes formalités que pour les changements de résidence, mais remplies à la gendarmerie du *point de départ.*

Quel avantage y a-t-il à remplir ces formalités, lors même que l'absence ne devrait pas durer deux mois?

— Tout homme absent de son domicile doit rejoindre son corps, en cas d'appel, *directement et sans délai.* Faute d'être arrivé dans les délais fixés par l'ordre de route (annexe au livret individuel), on est passible de peines disciplinaires très-sévères, et l'on peut être amené devant les tribunaux militaires, suivant la durée de l'absence.

Mais celui qui a fait une déclaration d'absence ou de changement de résidence jouit de délais supplémentaires, en raison de la distance à parcourir.

Les hommes résidant ou domiciliés à l'étranger peuvent-ils être dispensés des manœuvres, exercices et revues?

— Oui, mais il faut en faire la demande au commandant du bureau de recrutement du dernier domicile en France. C'est le général commandant le corps d'armée qui accorde ces dispenses pour un an, et le ministre pour plus d'un an.

Ces dispositions s'appliquent-elles aux réservistes de l'armée de mer?

— Oui ; seulement les visas et récépissés sont inscrits sur les certificats de passage dans la réserve.

XVI.

Exclusions. — Pénalités.

Quels sont les cas d'exclusion?

—Sont exclus du service militaire et ne peuvent à aucun titre faire partie de l'armée :

1º Les individus qui ont été condamnés à une peine afflictive ou infamante ;

2° Ceux qui, ayant été condamnés à une peine correctionnelle de 2 ans de prison et au-dessus, ont en outre été placés, par le jugement de condamnation, sous la surveillance de la haute police et interdits, en tout ou partie, des droits civiques, civils ou de famille.

Les militaires peuvent-ils voter ?

— Les hommes présents au corps ne prennent part à aucun vote.

Par qui sont réprimées les infractions contre les prescriptions relatives aux changements de domicile et de résidence ?

— Par les tribunaux ordinaires.

S'il s'agit d'un changement de domicile quelle est la condamnation que peuvent encourir les contrevenants de l'armée active ou de sa réserve ?

— *Amende* de 16 à 200 fr. à laquelle peut s'ajouter un *emprisonnement* de 15 jours à 3 mois.

Et si les contrevenants appartiennent à l'armée territoriale ou à sa réserve ?

Amende de 16 à 50 fr. à laquelle peut se joindre un *emprisonnement* de 6 jours à 1 mois.

S'il s'agit d'un changement de résidence ou d'un déplacement pour voyager, quelles sont les peines pour l'armée active ou sa réserve ?

— *Amende* de 16 à 50 fr. et *emprisonnement* de 6 jours à 1 mois ou l'une de ces peines seulement.

Et pour l'armée territoriale ou sa réserve ?

— *Amende* de 16 à 25 fr. et *emprisonnement* de 6 à 15 jours ou l'une de ces peines seulement.

Quelle est la peine encourue par un retardataire de plus de 8 jours ?

—S'il appartient à l'armée active ou sa réserve, *emprisonnement* de 6 jours à 1 mois.

Et s'il appartient à l'armée territoriale ou à sa réserve ?

— *Emprisonnement* de 6 à 15 jours.

Qu'arrive-t-il si le retard n'atteint pas 8 jours ?

— L'infracteur est passible de peines disciplinaires, outre qu'il peut être astreint par l'autorité militaire à compléter son temps de service dans un corps au dépôt.

Toutes ces peines peuvent être doublées en cas de récidive ou en temps de guerre.

La négligence dans la conservation du livret individuel, du certificat de classement dans les services auxiliaires du certificat d'inscription sur les contrôles de la non-disponibilité, des sursis de départ, etc., entraîne-t-elle une punition ?

— Les titres militaires doivent être conservés avec le plus grand soin et celui qui se rend coupable de négligence à cet égard est passible de peines disciplinaires.

Quand doit-on présenter les titres ?

— Dans les 24 heures en cas d'appel à l'activité ou de convocation militaire. Dans les huit jours pour tout autre cas. Les réservistes et territoriaux doivent donc toujours emporter ces titres avec eux.

Quelle est la situation d'un réserviste non appelé sous les drapeaux et revêtu d'effets d'uniforme ?

— Il est considéré comme un militaire en congé et il doit, sous peine de punitions disciplinaires, les *marques extérieures* de respect à tout supérieur hiérarchique.

Que lui arrive-t-il en cas de crime ou délit prévu par le code de justice militaire?

— Il est passible du Conseil de guerre.

Quelle doit être la conduite des réservistes en cas de rassemblements tumultueux ?

—Ils doivent s'en éloigner, même s'ils ne sont pas en uniforme. S'ils s'y trouvaient portant des armes ou revêtus d'effets militaires, ils seraient traduits devant les Conseils de guerre pour rébellion.

Quand est-ce que les réservistes, rappelés sous les drapeaux, sont passibles des Conseils de guerre pour tous crimes et délits qui le comportent ?

—1º En cas de mobilisation, du jour de l'appel au jour du renvoi dans les foyers.

2º Hors le cas de mobilisation, dans les convocations militaires, de l'instant de la réunion au détachement pour rejoindre (ou de leur arrivée à destination s'ils sont isolés), jusqu'au jour où ils sont renvoyés dans leurs foyers.

3º Quand ils sont dans les hôpitaux militaires, dans les prisons militaires ou entre les mains de la gendarmerie.

Quel est le cas des non-disponibles ?

— Ils sont soumis à la juridiction militaire du jour de l'ordre de mobilisation.

Dans quels cas les réservistes sont-ils justiciables des tribunaux militaires ?

—Quand ils ont commis des crimes et délits touchant directement les intérêts et l'honneur de l'armée, ex: trahison, espionnage, voies de fait envers un supérieur en uniforme, rébellion, abus d'autorité, meurtre ou vol chez un hôte en cas de logement militaire, pillage ou dévastation, port illégal d'insignes.

Quelle distinction faut-il faire pour les territoriaux?

— Pour les mêmes crimes et délits, ils restent soumis aux tribunaux militaires pendant 6 mois après leur retour dans leurs foyers. Passé ce temps, ils sont justiciables des tribunaux ordinaires.

Comment sont punies les infractions qui ne constituent ni crime, ni délit?

— Directement par l'autorité militaire. Les punitions peuvent atteindre 30 jours de prison ou 15 jours pour les territoriaux renvoyés dans leurs foyers depuis plus de 6 mois.

Quelles sont les infractions dont il s'agit ici?

— 1° Celles qui sont commises contre la discipline par des réservistes en uniforme.

2° Le retard non justifié aux convocations militaires, quand il ne dépasse pas 8 jours.

3° Toute désobéissance aux ordres de l'autorité militaire comme le fait de ne pas retirer son livret de la gendarmerie quand l'ordre en a été donné.

Comment sont accomplies ces punitions disciplinaires?

—Dans un corps de troupes à proximité sur lequel les hommes sont dirigés.

Par qui est jugé le délit d'insoumission?

— Par les Conseils de guerre.

De quelles peines sont passibles les insoumis?

—Tout homme qui arrive à destination avec un retard de moins de 2 jours est passible de peines disciplinaires au corps. Passé ce délai, hors le cas de force majeure, il est passible, *en temps de paix*, de 1 mois à 1 an de prison; *en temps de guerre*, de 2 à 5 ans; de plus, il peut être envoyé dans une compagnie de discipline à l'expiration de sa peine, et pendant la durée de la guerre, son nom est affiché dans toutes les communes du canton de son domicile.

XVII.

Mobilisation.

Qu'est-ce que la mobilisation ?

— C'est le passage du pied de paix au pied de guerre des forces militaires du pays.

Quel est le but de la mobilisation ?

— C'est d'appeler dans les rangs de l'armée les effectifs dont elle se compose et qu'on laisse en temps de paix dans les foyers, par raison d'économie. C'est encore de compléter le matériel de transport dont l'armée a besoin et le nombre d'animaux (chevaux et mulets) que nécessite ce transport.

Comment se fait la mobilisation ?

— L'ordre est envoyé par le Ministre de la Guerre à chaque général commandant de corps d'armée, celui-ci transmet cet ordre aux autorités militaires et civiles de sa circonscription.

Par quel moyen la population est-elle avertie ?

— Par voie d'affiche et de publications sur la voie publique. Il faut alors que tous ceux qui ont entre les mains un titre militaire consultent l'ordre de route annexé au livret individuel qu'ils ont entre les mains.

Dans quels cas se trouvent les hommes dits à la disposition de l'autorité militaire ou les non-disponibles ?

— Leurs différentes situations et obligations ont été déterminées n° XI et n° XIII.

N'y a-t-il pas des avis complémentaires qui doivent accompagner les affiches officielles ?

— Les maires font publier et afficher des avis indiquant :

1° Les dates réelles auxquelles correspondent les journées de mobilisation, exemple : 1ᵉʳ jour de la mobilisation, lundi 2 mai ; 2ᵉ jour, mardi 3 mai, etc. ;

2° Les classes soumises au service dans l'armée active ou dans l'armée territoriale. Cette indication est fournie par le tableau de répartition des classes, lequel est affiché à la mairie et renouvelé tous les six mois.

3° Les voies à suivre par les réservistes et les territoriaux pour rejoindre les lieux de mobilisation indiqués sur les ordres de route ;

4° Dispositions particulières à prendre : se faire couper les cheveux et se munir de bonnes chaussures ainsi que de linge de corps ;

5° Les peines auxquelles s'exposent les *insoumis* en temps de guerre. Voir le n° XVI.

XVIII.

Réquisitions (loi du 3 juillet 1877).

Qu'entend-on par réquisition en général ?

— C'est l'injonction faite aux populations par l'autorité militaire de donner à l'armée leur concours personnel, ou les animaux ou les objets nécessaires au fonctionnement des différents services, et cela dans un but patriotique et moyennant une indemnité ou une rémunération équitables.

Comment est ouvert le droit de réquisition ?

— Ce droit est ouvert, sur tout le territoire français, par la promulgation du décret de mobilisation, rendu par le Chef de l'Etat en Conseil des Ministres.

Quelle est la durée de ce droit ?

— Il dure depuis le premier jour de la mobilisation jusqu'au jour où l'armée est remise sur le pied de paix.

Par qui est exercé le droit de réquisition ?

— De plein droit par les généraux commandant en chef, ou, par délégation, par les fonctionnaires de l'intendance, ou par les officiers en mission spéciale.

Comment doivent être établis les ordres de réquisition ?

— Sur des carnets à souche ou sur des feuilles isolées formant double expédition.

Comment se fait la réquisition?

— L'ordre est détaché du carnet à souche et remis au maire. La réquisition étant faite, les souches restées aux mains des officiers sont envoyées à la commission de règlement des indemnités.

Quelles sont les prestations exigibles par voie de réquisition ?

— 1° Le logement et le cantonnement.

Quelle différence y a-t-il entre le logement et le cantonnement ?

— Pour le logement il y a des conditions dont la municipalité doit tenir compte :
Suivant le grade des officiers pour leur donner un logement convenable ;
Suivant le nombre des sous-officiers, pour leur assurer un lit par chaque sous-officier ;
Suivant le nombre des soldats pour donner un lit ou au moins un matelas et une couverture par deux soldats.
Pour le cantonnement, il ne s'agit que d'abriter les hommes et les chevaux dans les locaux quels qu'ils soient, maisons, hangars, granges, etc., pourvu que les habitants conservent le logement indispensable.

La répartition des troupes dans les communes n'est-elle pas préparée d'avance ?

— Elle l'est par des états que les maires doivent dresser tous les trois ans.

Y a-t-il des personnes dispensées de loger effectivement des troupes dans leur domicile ?

— 1° Les détenteurs de deniers publics ;

2° Les veuves et les filles vivant seules ;

3° Les communautés religieuses de femmes.

Mais dans ces trois cas, il est pourvu au logement des troupes aux frais des privilégiés.

Les habitants peuvent-ils réclamer une indemnité pour dégâts ?

— Ils le peuvent en s'adressant au maire, mais seulement dans un délai de 3 heures après le départ des troupes.

Quand peuvent-ils réclamer une indemnité de logement ?

— Quand ils ont logé plus de 3 nuits par mois, excepté dans le cas de troupes qui manœuvrent ou qui se rassemblent dans leurs lieux de mobilisation.

— 2° La nourriture journalière des officiers et soldats logés chez l'habitant.

Cette réquisition peut-elle être fréquente ?

— Elle ne se fera que dans des cas exceptionnels de marches forcées et en fournissant la nourriture en usage dans le pays.

Le reçu de l'officier requérant constatera le nombre de demi-journées et d'hommes nourris;

— 3° Les vivres et le chauffage pour l'armée, les fourrages pour chevaux, mulets et bestiaux ; la paille de couchage pour les troupes campées ou cantonnées ;

— 4° Les moyens d'attelage et de transport de toute nature y compris le personnel.

Quelle distinction doit-on faire dans ce cas au point de vue de l'indemnité?

— Quand la durée de cette réquisition doit durer plus de cinq jours, l'estimation des objets est faite contradictoirement au moment de la livraison par l'officier requérant et par le maire.

Si la durée ne doit pas dépasser cinq jours, un état des chevaux et véhicules est laissé au maire, et en cas de pertes ou d'avaries, constatation en est faite par le chef de détachement avec détails sur les causes et la valeur, et laissée entre les mains du conducteur.

En temps de paix, pendant les grandes manœuvres, la durée de réquisition ne doit pas dépasser vingt-quatre heures, y compris l'aller et le retour ;

— 5° Les bateaux et embarcations qui se trouvent sur les fleuves, rivières, lacs et canaux;

— 6° Moulins et fours ;

— 7° Les matériaux, outils, machines et appareils nécessaires pour la construction ou réparation des voies de communication et en général pour l'exécution des travaux militaires.

Quelle distinction doit-on faire dans ce cas?

— Si l'usage de ces objets doit dépasser 8 jours, il y a lieu de faire une estimation débattue entre l'officier et le maire.

Si l'usage ne doit pas dépasser 8 jours, simple énumération des objets.

— 8° Les guides, messagers, conducteurs ainsi que les ouvriers pour les travaux que les différents services de l'armée ont à exécuter.

Quelle conduite l'autorité militaire tient-elle dans ce cas ?

Les chefs de détachement pourvoient à la nourriture de ces personnes. Lesdites personnes reçoivent à l'expiration de leur mission un certificat qui en constate l'exécution.

— 9° Le traitement des malades ou blessés chez l'habitant.

Quelles sont ici les obligations du maire de la commune ?

— Choisir un local spécial et dans de bonnes conditions, dans le cas de malades ou blessés ordinaires.

Choisir un local séparé, dans le cas de maladies contagieuses, ou même désigner un immeuble qui sera alors requis par l'autorité militaire.

— 10° Les objets d'habillement, d'équipement, de campement, d'harnachement, d'armement et de couchage, les médicaments et moyens de pansement.

— 11° Tous les autres objets et services dont la fourniture est nécessitée par l'intérêt militaire.

XIX.

Réquisitions (*Suite*). Exécution des réquisitions.

Comment se fait la notification d'une réquisition ?

— Elle est faite au maire de la localité par le commandant des troupes rassemblées dans cette localité.

Que doit faire le maire au reçu de cette notification ?

— Le maire ou son adjoint convoquent deux conseillers municipaux dans l'ordre du tableau et deux habitants les plus imposés. Ce conseil procède à la répartition de la réquisition demandée.

Quelles précautions doit-on prendre à l'égard des habitants contribuables absents ?

— S'il s'agit de pénétrer dans leur demeure, il faut faire ouvrir en présence de 2 témoins, et veiller aux mesures d'ordre nécessaires pour respecter la propriété.

— Procès-verbal sera dressé de l'ouverture et de la fermeture des locaux.

Que faire, si la réquisition dépasse les ressources de la commune ?

— Le maire doit d'abord conserver :

1° A chaque famille les vivres nécessaires pour trois jours ;

2° A tout établissement agricole les grains et denrées pour 8 jours ;

3° Aux habitants qui ont des bestiaux, des fourrages pour 15 jours par tête de bétail.

Si les ressources sont déclarées insuffisantes, l'autorité militaire peut faire des perquisitions, s'emparer des choses cachées, en signaler les faits à la justice. Le maire est responsable.

Que faire en cas de refus d'un habitant ?

— Le maire se fait assister de la force armée — l'opposant est envoyé devant les tribunaux et passible d'une amende qui peut s'élever au double de la valeur de la prestation requise.

A quoi s'expose l'opposant, s'il s'agit d'un service personnel ? (Conducteur, garde, terrassier, etc.) l

— En temps de paix, à une amende de 16 à 50 fr.

— En cas de guerre, il sera traduit devant un conseil de guerre et sera passible d'un emprisonnement de 6 jours à 5 ans.

XX.

Réquisitions (*Suite*). Règlement des indemnités.

Par qui se fait le règlement des indemnités, en temps de guerre ?

— 1° Par une commission centrale nommée par le ministre de la guerre ;

2° Par des commissions départementales nommées par délégation du ministre, par les généraux commandant les corps d'armée.

Quel est le rôle des commissions départementales ?

— 1° Etablir les tarifs des denrées et le prix des jour‑
nées ;

2° Evaluer les dommages.

*En cas de différends entre les commissions et les par‑
ticuliers qu'arrive-t-il ?*

— Le différend est porté devant les tribunaux ordi‑
naires, et c'est le fonctionnaire de l'intendance qui re‑
présente l'Etat.

*Comment est notifiée et exécutée la décision des com‑
missions ?*

— Le fonctionnaire de l'intendance notifie au maire le
chiffre des indemnités allouées, — le maire à son tour
notifie individuellement aux intéressés, dans les 24
heures, les offres de règlement, et prévient ceux-ci
qu'ils ont quinze jours pour faire valoir leurs réclama‑
tions. A l'expiration des quinze jours, le maire arrête
l'état des indemnités. C'est le receveur municipal qui les
distribue aux habitants.

*Comment opère-t-on quand il s'agit simplement de
grandes manœuvres ?*

— Chaque année, le ministre de la guerre détermine
les corps d'armée qui exécuteront les grandes ma‑
nœuvres ;

Le territoire où elles s'exerceront, ainsi que l'époque
et la durée.

Les commandants de corps d'armée en préviennent au
moins trois semaines à l'avance les préfets des départe‑
ments intéressés.

Les préfets en informent les maires qui font publier et
afficher :

1° L'époque et la durée des manœuvres ;

2° L'invitation aux propriétaires en vignes ou de ter‑

rains ensemencés ou cultivés, de les indiquer par un signe apparent;

3º L'avis aux habitants de déposer leurs plaintes dans les trois jours qui suivent le départ des troupes.

Y a-t-il une commission chargée d'évaluer les dégâts?

— Il y a une commission qui accompagne les troupes, prévient les maires de son passage, règle les indemnités et les fait payer, séance tenante, par un officier comptable.

Si les indemnités offertes sont refusées, qu'arrive-t-il?

— Procès-verbal est dressé, notification en est faite par le maire aux intéressés qui ont un délai de quinze jours pour le refus ou l'acceptation.

En cas de refus, les tribunaux ordinaires statuent (1).

XXI.

Réquisition des chevaux, mulets et voitures.

A. Préparation des réquisitions.

Comment est préparé le service de cette sorte de réquisition?

— Par deux opérations, le recensement et le classement.

En quoi consiste le recensement?

— Tous les ans, au mois de décembre, le maire informe les propriétaires de chevaux, juments, mulets et mules, qu'ils doivent les déclarer à la mairie, avant le 1er janvier, en indiquant leur âge.

---

(1) Consulter pour plus de détails « *Traité des réquisitions militaires* » par E. Legrand. — Firmin-Didot.

Du 1er au 15 janvier, le maire dresse la liste de recensement desdits animaux, d'après les déclarations.

Quel âge doivent avoir les animaux ?

— Les chevaux doivent avoir eu 6 ans au 1er janvier et les mulets 4 ans.

Comment se fait le recensement des voitures ?

— De la même manière, mais tous les trois ans.

Quelles sont les voitures susceptibles d'être réquisitionnées ?

— Toutes voitures suspendues, non suspendues, ou mixtes, non exclusivement affectées au transport des personnes, pourvu que leur propriétaire puisse les atteler suivant leur poids, d'un cheval ou mulet, ou de deux chevaux ou mulets classés, ou susceptibles de l'être.

Comment se fait le classement des animaux ?

— Chaque année, du 16 janvier au 1er mars ou du 25 mai au 15 juin, le ministre de la guerre peut faire procéder à l'inspection et au *classement* des animaux recensés. De même pour les voitures.

Qui est-ce qui est chargé de ce classement ?

— Il y est procédé par des commissions mixtes, présidées par un officier.

Comment opèrent ces commissions ?

— Elles ont plein pouvoir pour réviser les listes de recensement, elles dressent par commune un tableau des animaux susceptibles d'être réquisitionnés, ce tableau est divisé en catégories répondant aux catégories fixées par le ministre de la guerre.

Une expédition du tableau de classement, signée par le maire et la commission reste à la mairie et une autre, portant les mêmes signatures, est envoyée par le président au bureau de recrutement.

Mention des décisions de la commission est également faite sur la liste de recensement, arrêtée et signée par le président de la commission.

Comment procède-t-on au classement des voitures attelées ?

— La même commission se fait présenter les voitures tout attelées et en fait le classement ainsi que celui des harnais.

Elle procède ensuite, en séance publique, avec l'assistance du maire ou de son suppléant, à un tirage au sort entre lesdites voitures par chaque commune.

Procès-verbal en est dressé en double expédition, dont l'une reste à la mairie, avec le nom, par ordre de tirage des propriétaires et le signalement des chevaux et voitures et l'état des harnais.

B. Mode de Réquisition.

Comment s'opère la réquisition des animaux et des voitures ?

— En cas de mobilisation, la réquisition est effectuée par des commissions mixtes nommées par les commandants de régions.

Où siègent ces commissions ?

— Dans des lieux désignés d'avance, qui forment le centre des circonscriptions de réquisition.

Comment leur sont présentés les voitures et animaux ?

— Par canton, de manière qu'autant que possible, les opérations relatives à un canton soient terminées dans une journée.

Comment est notifié l'ordre de rassemblement ?

— Par voie d'affiches, indiquant la date, l'heure et le lieu de réunion.

Que fait le maire ?

— Il prévient les propriétaires qu'ils sont tenus d'amener tous leurs animaux classés, et ceux qui, ne l'étant pas, seraient régulièrement portés sur le prochain état de classement.

Il prévient également les propriétaires de voitures d'avoir à les conduire tout attelées.

Les animaux doivent avoir bonne ferrure, bridon et licol avec longe.

Comment opère-t-on s'il y a plus d'animaux qu'il n'en est requis ?

— On procède à un tirage au sort.

Que deviennent les animaux attelés à des voitures non requises ?

— Ils sont replacés dans les catégories auxquelles ils appartiennent.

Que remet-on au propriétaire réquisitionné ?

— Il lui est remis, contre livraison de l'animal requis, un bulletin individuel portant le nom du propriétaire, le n° de classement de l'animal requis et le prix à payer suivant la catégorie.

Comment se termine l'opération de réquisition ?

— Procès-verbal est dressé, mentionnant les noms et domiciles des propriétaires, avec l'estimation des voitures et harnais.

De même pour les animaux, un extrait de ces procès-verbaux est remis aux maires.

XXI. (*Suite.*)

C. Payement pour les animaux et voitures de réquisition. — Dispositions pénales.

Que doit faire le maire après les opérations de réquisition ?

— Il dresse en double expédition un état de payement pour les animaux requis, comprenant tous les renseignements contenus dans les procès-verbaux de réquisition, en réservant une colonne pour les émargements.

Ces deux expéditions sont envoyées avec les procès-verbaux à l'intendance militaire.

De même pour les voitures.

Comment sont payés les intéressés ?

— Par le receveur municipal, contre la remise du bulletin individuel mentionné n° B, et qu'il est par conséquent nécessaire de ne pas égarer. Les prix sont payés sur simple émargement.

Comment sont déterminés ces prix ?

— Ils sont fixés d'avance, d'une manière absolue, par chaque catégorie, suivant le budget de chaque année, sauf pour les chevaux de selle ou d'attalage d'artillerie qui peuvent être augmentés du quart. Cette augmentation n'est pas applicable aux chevaux entiers.

A quoi s'exposent les propriétaires qui manquent à la réquisition, sans motifs légitimes, en cas de mobilisation ?

— Ils sont déférés aux tribunaux et, en cas de condamnation, frappés d'une amende égale à la moitié du prix d'achat fixé pour la catégorie à laquelle appartiennent leurs animaux, ou à la moitié du prix moyen d'acquisition des voitures et harnais. D'ailleurs, la saisie pourra être exécutée immédiatement par l'autorité militaire.

A quoi s'exposent les maires et propriétaires qui manquent aux dispositions générales de la loi sur les réquisitions de chevaux et voitures ?

— Ils sont passibles d'une amende de 25 à 1,000 fr.

Et ceux qui auront fait sciemment de fausses déclarations ?

— Ils sont passibles d'une amende de 50 à 2,000 fr.

XXII.

Organisation générale des forces militaires de la France. (Loi du 24 juillet 1873.)

L'armée française est constituée en corps d'armée permanents se recrutant, pour la partie active, sur toute la France, et, pour les réserves, dans la région qu'ils occupent, et commandés par des généraux dits commandants de corps d'armée.

Il y a en France 18 corps d'armée, et les troupes permanentes de l'Algérie forment un 19e corps.

Chacune des 18 régions de corps d'armée est partagée en 8 subdivisions de région.

Chaque corps d'armée possède des magasins d'armes et d'effets. Il comprend les états-majors nécessaires, avec

Deux divisions d'infanterie, soit 8 régiments.

Un bataillon de chasseurs à pied.

Une brigade de cavalerie.

Une brigade d'artillerie.

Un bataillon du génie.

Un escadron du train des équipages.

Une section de secrétaires d'état-major et du recrutement.

Une section de commis et ouvriers d'administration.

Une section d'infirmiers militaires.

Chaque régiment d'infanterie correspond à une subdivision de région et y a son dépôt.

Chaque subdivision possède un bureau de recrutement commandé par un officier supérieur chargé de la tenue des registres matricules, de l'incorporation des contingents, du recensement général annuel des animaux et voitures.

Un capitaine-major tient, par subdivision, les contrôles des corps d'infanterie de l'armée territoriale.

Le général commandant le corps d'armée a le commandement de toutes les troupes actives ou de réserve et de tous les établissements militaires.

Les généraux de division et de brigade du corps d'armée commandent les subdivisions de région sous l'autorité du général en chef.

Un officier supérieur faisant partie de l'état-major général est chargé de centraliser le service de recrutement de la région. Auprès de lui est placé le capitaine-major chargé des contrôles des armes de l'armée territoriale autres que l'infanterie.

Il importe beaucoup que les maires et la gendarmerie tiennent les commandants de recrutement au courant de toutes les mutations intéressant le service.

Les hommes de la première portion du contingent sont répartis dans tous les corps d'armée. Ceux de la deuxième portion font leur année dans les troupes de leur région, et dans les armes autres que la cavalerie; principalement dans l'infanterie.

Les réservistes, les disponibles, les engagés conditionnels sont immatriculés dans des corps de troupes de leur région.

En cas de rappel à l'activité, le point de réunion est porté sur l'ordre de route annexé au livret individuel; en cas d'incertitude de la destination, on doit se renseigner au bureau de recrutement de la subdivision.

D'ailleurs, des tableaux spéciaux indiquent dans chaque commune les classes actuelles de l'armée active et de l'armée territoriale, ainsi que les points où chacun doit se rendre en cas de mobilisation, d'après le corps auquel il appartient.

La bonne organisation des forces vives d'un pays est une question capitale pour tous ceux qui en font partie. Mais quand ce pays est aussi grand que la France, quand les forces militaires, appelées à la défense commune, se chiffrent par des centaines de mille hommes, il faut un ordre admirable pour éviter la confusion et les désastres, il faut une discipline inébranlable pour assurer la victoire. Il est donc absolument nécessaire que dans cette immense armée, en prévision du jour où la France sera menacée, chacun connaisse sa place, le devoir qui l'y appelle, et attende silencieux, et calme, les ordres qu'il y recevra. Le salut de la patrie en dépend (1).

---

(1) Consulter pour plus de détails « *Nouvelle organisation militaire de la France* » chez Paul Dupont.

TABLE DES MATIÈRES

VERSAILLES. — CERF ET FILS, IMPRIMEURS, 59, RUE DUPLESSIS.

www.ingramcontent.com/pod-product-compliance
Lightning Source LLC
Chambersburg PA
CBHW061644060726
47597CB00005B/2058